FAIRE UN AVEC L'ESPRIT DE VÉRITÉ !

Comment se rendre à la cité du Dieu vivant ?

« Tous droits de reproduction, d'adaptation et de traduction, intégrale ou partielle réservés pour tous pays. L'auteur ou l'éditeur est seul propriétaire des droits et responsable du contenu de ce livre. Le Code de la propriété intellectuelle interdit les copies ou reproductions destinées à une utilisation collective. Toute représentation ou reproduction intégrale ou partielle faite par quelque procédé que ce soit, sans le consentement de l'auteur ou de ses ayants droit ou ayants cause, est illicite et constitue une contrefaçon, aux termes des articles L.335-2 et suivants du Code de la propriété intellectuelle. »

Copyright © 2022 par Elie Kassim
Besançon (France)
Tous droits réservés.
Édition : BoD – Books on Demand, info@bod.fr
Impression : BoD – Books on Demand, In de Tarpen 42, Norderstedt (Allemagne)
Impression à la demande
ISBN :978-2-3224-6078-6
Dépôt légal : Octobre 2022

Épigraphe

Si quelqu'un est en Christ, il est une nouvelle créature. Les choses anciennes sont passées ; voici, toutes choses sont devenues nouvelles.

2 Corinthiens 5:17

Table des matières

Avant-propos d'Elie Kassim 12

Introduction 14

La religion ne sauve pas ! 17

Pourquoi la nouvelle naissance est indispensable ? .. 22

Quel est notre héritage acquis par Christ à la croix ? 26

Pourquoi Jésus-Christ est Dieu ? 31

Dieu nous a élus avant la fondation du monde 36

Dieu nous a marqué de son sceau 40

Pourquoi la communion avec le Saint-Esprit est obligatoire ? 42

Notre identité en Christ 45

Le sang de Christ te rend intouchable 53

Sois oint du Saint-Esprit et de force ! 56

Le mystère caché de Dieu depuis la création révélé aux Saints 60

Comment se rendre à la cité du Dieu vivant ? 70

Ma rencontre avec Jésus-Christ 90

Conclusion 96

Prions ensemble 101

Le savais-tu ? 104

Avant-propos d'Elie Kassim

Issu d'une famille de culture musulmane, je n'étais pas censé rencontrer Jésus-Christ de Nazareth en personne.

Et pourtant, c'est ce qui s'est passé un soir de 2019, il était là, devant moi, dans ma chambre.

Après cette première rencontre, je savais que ma vie ne serait plus jamais la même.

Je n'en parle pas dans ce manuel, mais j'ai vécu de nombreux miracles dans ma vie depuis 2019.

Et ça continue aujourd'hui et même au niveau de ma santé…

Et la question que j'ai posée au Seigneur est la suivante : Pourquoi certains chrétiens voient constamment la main de Dieu agir dans leur vie, et pour d'autres, il ne se passe pas grand-chose ?

Voici la réponse :
En réalité, c'est notre degré de communion avec Dieu qui va déclencher la vie en abondance dont Jésus-Christ a parlé.
C'est pour cette raison que nous devons nous rendre régulièrement dans le lieu très saint.
La vie chrétienne doit être une vie dans laquelle nous devons vivre le surnaturel de Dieu au quotidien.

Et ça passe d'abord par la proximité avec Christ.
D'où la communion avec la personne du Saint-Esprit.

Introduction

    Pourquoi certains croyants ne vivent rien avec Dieu et d'autres voient la main du Dieu agir continuellement dans leur vie ?

    Certains pensent que c'est le nombre d'années passé dans une église qui compte. Alors que le plus important, c'est notre degré d'intimité avec Lui.

    Et il faut non seulement céder la première place à Christ, mais aussi accepter de se laisser transformer.

    Lors de mon baptême par immersion, quelqu'un m'a posé cette question : « Comment se fait-il qu'en si peu de temps, j'étais baptisé du Saint-Esprit ? »

En d'autres termes, pourquoi je vivais ce que les gens appellent le surnaturel de Dieu alors que je venais juste de rencontrer le Seigneur ?

J'avoue que je ne comprenais pas sa question, parce que vivre dans la présence de Dieu et d'échanger avec le Saint-Esprit, c'est quelque chose de normal pour moi. C'est comme si on vous disait, pourquoi tu appelles tes parents tous les jours au téléphone ?
Vous trouveriez cette question bizarre, n'est-ce pas ?
En réalité, c'est notre degré de communion avec Dieu qui va déclencher la vie en abondance dont Jésus-Christ a parlé.

C'est pourquoi nous devons nous rendre régulièrement à la cité du Dieu vivant dans le lieu très saint.
La vie chrétienne doit être une vie dans laquelle nous devons vivre le surnaturel de Dieu quotidiennement. Et avant toute chose, cela commence par la proximité avec Christ, qui permet la communion avec la personne du Saint-Esprit.

C'est l'Esprit qui vivifie, la chair n'est que le véhicule de l'âme.

Plus notre spiritualité sera élevée jusqu'à atteindre son seuil en Jésus-Christ homme,
 plus nous opérerons comme Dieu notre Père, c''est automatique.

La religion ne sauve pas !

Il existe aujourd'hui plus de 10 000 religions différentes dans le monde, sans compter les schismes.

Mais aucune d'entre elles ne pourra vous sauver !

Mais alors, me direz-vous, qu'est-ce qui peut nous sauver et comment obtenir le salut ?

Je vais aller droit au but, c'est ma réalité d'aujourd'hui.

Et vous pouvez, vous aussi, rencontrer cette personne.

Oui, effectivement, il s'agit d'une personne, la seule dans le monde qui est capable de vous sauver parfaitement.

Comment ?

Il vous faut faire une rencontre avec Jésus-Christ !

Pour le rencontrer c'est simple, il vous suffit de parler à Jésus.

Exactement, comme si vous parliez à un ami.

Et là, vous vous dites, non, ce n'est pas possible, sinon cela se saurait.

Je vous pose cette question, qu'avez-vous à perdre ?

Demandez simplement quelque chose de très intime avec votre cœur.

Et vous verrez certainement la chose s'accomplir.

Il est très important de vivre une première expérience avec celui qui est venu par amour sur la Terre, il y a plus de 2 000 ans.

Il est de votre devoir de connaître la vérité pendant que vous êtes encore sur terre.

Elle seule vous rendra libre, **pas une religion**.

Le salut, qu'est-ce justement ?

Le salut, c'est la personne de Jésus-Christ.

Il n'y a de salut en aucun autre ; car il n'y a sous le ciel aucun autre nom qui ait été donné parmi les hommes, par lequel nous devions être sauvés.

Actes 4:12

Voici ce qui est écrit :
Si tu confesses de ta bouche le Seigneur Jésus, et si tu crois dans ton cœur que Dieu l'a ressuscité des morts, tu seras sauvé.
Car c'est en croyant du cœur qu'on parvient à **la justice, et c'est en confessant de la bouche qu'on parvient au salut [...].**
Romains 10:9-10

Bravo !

Il est écrit :
Si quelqu'un est en Christ, il est une nouvelle créature. Les choses anciennes sont passées ; voici, toutes choses sont devenues nouvelles.
2 Corinthiens 5:17

Maintenant que tu es devenu enfant de Dieu, je t'invite à aller encore plus loin et à vivre d'autres expériences avec le Seigneur Jésus-Christ.

Il te faut à présent passer à l'autre bord, c'est le plus important à mes yeux, afin de développer une relation de plus en plus intime avec Dieu.

Ne passe pas une journée sans parler au Seigneur.

Il est important de devenir l'ami de Dieu comme notre père Abraham.

Demande au Seigneur qu'il t'aide dans tes faiblesses.

Enferme-toi dans ta chambre, passe un peu de temps avec le Seigneur de gloire.

Donne à Christ la première place dans ta vie.

Et je te garantis que tu vas vivre ce que la plupart des populations du monde appelle le surnaturel de Dieu… qui est en réalité le naturel de Dieu.

Nous sommes amenés à devenir **une extension** de Jésus-Christ sur cette terre.

Mais comme il est écrit, rien ne nous est possible sans l'intervention du Seigneur :

Je suis le cep, vous êtes les sarments. Celui qui demeure en moi et en qui je demeure porte beaucoup de fruit, car sans moi vous ne pouvez rien faire.
Jean 15:5

Voici ce que dit la parole divine quand Jésus-Christ est devenu ton Seigneur et ton Sauveur :

J'ai été crucifié avec Christ ; ce n'est plus moi qui vis, c'est Christ qui vit en moi ; et ce que je vis maintenant dans mon corps, je le vis dans la foi au Fils de Dieu qui m'a aimé et qui s'est donné lui-même pour moi. Galates 2:20

Grâces soient rendues à Dieu, qui nous fait toujours triompher en Christ, et qui répand par nous en tout lieu l'odeur de sa connaissance !
2 Corinthiens 2:14

Pourquoi la nouvelle naissance est indispensable ?

La nouvelle naissance, c'est d'abord une rencontre avec le Seigneur de gloire. La nouvelle naissance (aussi appelée naissance « d'en haut ») n'est finalement que la première transformation.

Par la suite, tu dois créer une intimité, une relation avec le Seigneur.

Comment s'y prendre ?

Il faut échanger avec le Saint-Esprit, c'est très important.

Exemple : demande qu'il t'aide à te rapprocher du Seigneur.

C'est ton degré d'intimité avec le Seigneur Jésus-Christ qui va opérer des changements intérieurs, qui vont se voir à l'extérieur.

Dieu est fidèle, lui qui vous a appelés à la communion de son Fils, Jésus-Christ notre Seigneur.
1 Corinthiens 1:9

Celui qui est en toi est plus grand que celui qui est dans le monde.

Il est écrit :
C'est de toi que viennent la richesse et la gloire, c'est toi qui domines sur tout, c'est dans ta main que sont la force et la puissance, et c'est ta main qui a le pouvoir d'agrandir et d'affermir toutes choses.
1 Chroniques 29:12

Tu ne vas pas rester un enfant spirituel toute ta vie…

Demande dans tes prières l'aide de l'Esprit-Saint non seulement pour plus de lien avec lui, mais aussi pour que Christ grandisse en toi.

Nous sommes le sarment, nous ne pouvons rien faire sans le cep, nous dit le Christ.

Prie aussi pour un enracinement profond dans le Seigneur Jésus-Christ.

Si Christ vit en toi!

Tu es devenu enfant de Dieu, car tu appartiens à Christ.

Nous sommes amenés à être transformés de gloire en gloire, il est donc indispensable de communier avec le Seigneur.

Sinon tu risques de rester toute ta vie un "bébé" spirituel.

Il est écrit :
Nous tous qui, le visage découvert, contemplons comme dans un miroir la gloire du Seigneur, nous

sommes transformés en la même image, de gloire en gloire, comme par le Seigneur, l'Esprit.
  2 Corinthiens 3:18

Quel est notre héritage acquis par Christ à la croix ?

Allons voir **ÉSAÏE 53 :** *Qui a cru à ce que nous avons annoncé ? Qui a reconnu le bras de l'Éternel ? Il s'est élevé devant lui comme une faible plante, Comme un rejeton qui sort d'une terre desséchée ; Il n'avait ni beauté, ni éclat pour attirer nos regards, Et son aspect n'avait rien pour nous plaire. Méprisé et abandonné des hommes, Homme de douleur et habitué à la souffrance, Semblable à celui dont on détourne le visage, Nous l'avons dédaigné, nous n'avons fait de lui aucun cas. Cependant, il a porté nos souffrances, Il s'est chargé de nos douleurs ; Et* *nous l'avons considéré comme puni, Frappé de Dieu, et humilié. Mais il était blessé pour nos péchés, Brisé pour nos iniquités ; Le châtiment qui nous donne la paix est tombé sur lui, Et c'est par ses meurtrissures que nous sommes guéris.*

1. Tes péchés te sont pardonnés parce que Christ les a pris sur la croix.

2. Le péché est ce qui nous sépare de Dieu et tout le châtiment qui devait retomber sur nous, eh bien, nous sont épargnés puisque c'est Christ qui les a portés en allant sur la croix.

3. À partir du moment où tu acceptes Jésus-Christ dans ton cœur comme ton sauveur et Seigneur, le Saint-Esprit vient habiter en toi, c'est l'Esprit de Christ.

4. Tes péchés sont pardonnés, tu es né de nouveau, à compter de cet instant, tu deviens enfant de Dieu.
Le Seigneur n'a pas seulement pris nos péchés sur la croix de Golgotha, il a aussi pris nos maladies.

Il est écrit :

C'est lui qui pardonne toutes tes iniquités, Qui guérit toutes tes maladies ;
Psaumes 103:3

Plus de condamnation sur toi.

Comme il est écrit, le châtiment qui nous donne la paix est tombé sur Christ.

Il n'y a plus de condamnation sur les enfants de Dieu. Aussi, n'accepte plus aucune condamnation d'un être humain ou d'une quelconque pensée. Parce que Jésus-Christ les a ôtés de toi et portés pour toi sur la croix de Golgotha.

Nous sommes en paix avec notre Dieu par Jésus-Christ, notre Seigneur.

*Car Dieu a tant aimé le monde qu'il a **donné son Fils unique**, afin que quiconque croit en lui **ne périsse point, mais qu'il ait la vie éternelle**.*
Jean 3:15

La vie en abondance, c'est Christ, car il est encore écrit :

Je suis la porte. Si quelqu'un entre par moi, il sera sauvé ; il entrera et il sortira, et il trouvera des pâturages. Le voleur ne vient que pour dérober, égorger et détruire ; moi, je suis venu afin que les brebis aient la vie, et qu'elles soient dans l'abondance. Je suis le bon berger. Le bon berger donne sa vie pour ses brebis.
Jean 10:9-11

Pour clore ce petit chapitre, j'aimerais partager avec toi d'autres versets qui sont vraiment très puissants.

C'est important en tant qu'enfant de Dieu non seulement d'être ancré dans la parole de Dieu, mais aussi de se l'approprier.

La parole au commencement, celle qui a créé toute chose, visible et invisible, s'est faite chair et est venue nous habiter, plein de grâce et vérité.

C'est pourquoi Christ doit se trouver aux prémices de notre vie.

Voici ce qui écrit :

Tu seras affermie par la justice ; Bannis l'inquiétude, car tu n'as rien à craindre, Et la frayeur, car elle n'approchera pas de toi.

Si l'on forme des complots, cela ne viendra pas de moi ; **Quiconque se liguera contre toi tombera sous ton pouvoir.**

Voici, j'ai créé l'ouvrier qui souffle le charbon au feu, Et qui fabrique une arme par son travail ; Mais j'ai créé aussi le destructeur pour la briser.

Toute arme forgée contre toi sera sans effet *; Et toute langue qui s'élèvera en justice contre toi, Tu la condamneras.*

Tel est l'héritage des serviteurs de l'Éternel, Tel est le salut qui leur viendra de moi, Dit l'Éternel.

Ésaïe 54:14-17

Pourquoi Jésus-Christ est Dieu ?

Jésus est Dieu, la Bible est claire à ce sujet, de la Genèse à l'Apocalypse.

Si Jésus est né de l'Esprit de Dieu, quel est alors son **ADN originel** ?

Voici ce que nous dit la parole :
L'ange lui répondit : Le Saint-Esprit viendra sur toi, et la puissance du Très-Haut te couvrira de son

ombre. C'est pourquoi le saint enfant qui naîtra de toi sera appelé Fils de Dieu.
Luc 1:35

Car un enfant nous est né, un fils nous est donné, Et la domination reposera sur son épaule ; On l'appellera Admirable, Conseiller, Dieu puissant, Père éternel, Prince de la paix.
Ésaïe 9:5

Et toi, Bethléhem Ephrata, Petite entre les milliers de Juda, De toi sortira pour moi Celui qui dominera sur Israël, Et dont les issues sont dès les temps anciens, Dès les jours de l'éternité.
Michée 5:1

Même Jacob, celui dont Dieu changea le nom en « Israël », a prophétisé la venue du Messie.
Le sceptre ne s'éloignera point de Juda, Ni le bâton souverain d'entre ses pieds, Jusqu'à ce que vienne le Schilo, Et que les peuples lui obéissent.
Genèse 49:10

Shiyloh généralement traduit par « shilo » signifie en hébreu « le Pacifique ». C'est un des titres du Messie, hérité de sa tranquillité, son pacifisme.

Pour les amoureux des codes Strong (permettant d'étudier les textes bibliques en s'appuyant sur les termes originaux en grec et en hébreu), le Messie correspond au numéro 7886.

Allons à présent faire un tour dans le premier chapitre d'Hébreux qui nous révèle aussi la divinité de Jésus-Christ :

De plus, il dit des anges : Celui qui fait de ses anges des vents, Et de ses serviteurs une flamme de feu. Mais il a dit au Fils : Ton trône, ô Dieu, est éternel ; Le sceptre de ton règne est un sceptre d'équité ; Tu as aimé la justice, tu as haï l'iniquité ; C'est pourquoi, ô Dieu, ton Dieu t'a oint d'une huile de joie au-dessus de tes égaux. Et encore : Toi, Seigneur, tu as au commencement fondé la terre, et les cieux sont l'ouvrage de tes mains ; ils périront, mais tu subsistes ; ils vieilliront tous comme un vêtement, tu les rouleras comme un manteau et ils seront changés ; mais toi, tu restes le même, Et tes années ne finiront point.

Hébreux 1:7-12

Juste pour enfoncer le clou, encore une fois, allons voir dans le livre de Jean, et je m'arrêterai là.

Il est écrit :
Cette lumière était la véritable lumière, qui éclaire tout homme venant dans le monde. **Elle était dans le monde, et le monde a été fait par elle,** *et le monde ne l'a point connue. Elle est venue chez les siens, et les siens ne l'ont pas reçue. Mais à tous ceux qui l'ont reçue, à ceux qui croient en son nom, elle a donné le pouvoir de devenir enfants de Dieu [...].*

Jean 1:9-12

Tu auras compris que l'on parle ici de Jésus-Christ de Nazareth, je t'invite d'ailleurs à lire le chapitre complet de Jean 1.

Toujours dans le livre de Jean, Jésus annonce clairement aux Juifs :

*Abraham, votre père, a tressailli de joie à la pensée de voir mon jour : il l'a vu, et il s'est réjoui. Les Juifs lui dirent : Tu n'as pas encore cinquante ans, et tu as vu Abraham ! Jésus leur dit : En vérité, en vérité, je vous le dis, avant qu'Abraham fût, **je suis**.*
Jean 8:56-58

Jésus lui dit : Je suis le chemin, la vérité, et la vie. Nul ne vient au Père que par moi. Si vous me connaissiez, vous connaîtriez aussi mon Père. Et dès maintenant vous le connaissez, et vous l'avez vu.
Jean 14:6-7

CELUI QUI A VU JÉSUS À VU DIEU LE PÈRE
Je suis sorti du Père, et je suis venu dans le monde ; maintenant je quitte le monde, et je vais au Père.
Jean 16:28

Dieu nous a élus avant la fondation du monde

Oui, Dieu nous a élus avant la fondation du monde.

C'est ton intimité avec le Saint-Esprit qui va te transformer en ton for intérieur. Et cela sera visible à l'extérieur.

Nous sommes la lumière de ce monde, nous sommes le sel de la Terre.

Demande un coup de main au Consolateur, qu'il t'aide à prier pour créer une intimité avec le Seigneur.

Passe du temps chaque jour avec le Saint-Esprit.

Échanger avec lui, c'est très important, et tu verras des changements s'opérer dans ta vie.

Le monde ne connaît pas l'Esprit de vérité, mais toi, si, parce que tu vis en Christ.

Ce que dit la parole :

[...] l'Esprit de vérité, **que le monde ne peut recevoir,** *parce qu'il ne* **le voit point** *et* **ne le connaît point** *; mais vous, vous le connaissez, car il demeure avec vous, et il sera en vous.*

Jean:14-17

Il faut faire de Dieu notre premier allié, notre premier confident, c'est lui qui nous délivre du filet de l'oiseleur.

Celui qui ne croit pas à Jésus-Christ n'a point la vie en lui, et **la colère de Dieu** demeure sur lui.

Pour preuve, Jean 3:35-36 :

Le Père aime le Fils, et il a remis toutes choses entre ses mains. Celui qui croit au Fils a la vie éternelle; celui qui ne croit pas au Fils ne verra point la vie, mais la colère de Dieu demeure sur lui.

Il l'a dit en ces termes :

[…] Tout pouvoir m'a été donné dans le ciel et sur la terre.
Matthieu 28:18

Pourquoi avons-nous été élus en Christ avant même la fondation du monde ?

L'explication se trouve dans Éphésiens 1:4-12.
En lui Dieu nous a élus avant la fondation du monde, pour que nous soyons saints et irrépréhensibles devant lui, nous ayant prédestinés dans son amour à être ses enfants d'adoption par Jésus-Christ, selon le bon plaisir de sa volonté, à la louange de la gloire de sa grâce qu'il nous a accordée en son bien-aimé. En lui nous avons la rédemption par son sang, la rémission des péchés, selon la richesse de sa grâce, que Dieu a répandue abondamment sur nous par toute espèce de sagesse et d'intelligence, nous faisant connaître le mystère de sa volonté, selon le bienveillant dessein qu'il avait formé en lui-même, pour le mettre à exécution lorsque les temps seraient accomplis, de réunir toutes choses en Christ, celles qui sont dans les cieux et celles qui sont sur la terre. En lui nous sommes aussi devenus

héritiers, ayant été prédestinés suivant la résolution de celui qui opère toutes choses d'après le conseil de sa volonté, afin que nous servions à la louange de sa gloire, nous qui d'avance avons espéré en Christ.

Dieu nous a marqué de son sceau

Nous sommes scellés du Saint-Esprit parce que nous appartenons à Christ. L'Esprit lui-même rend témoignage à notre esprit que nous sommes enfants de Dieu.

La définition du mot sceller, en grec, *sphragizo,* veut dire « certifié », marqué du sceau, tenu secret.

Et ceci, dans le but de confirmer, ou mettre hors de doute, qu'une personne est bien ce qu'elle affirme être.

En lui vous aussi, après avoir entendu la parole de la vérité, l'Évangile de votre salut, en lui vous avez cru et vous avez été scellés du Saint-Esprit qui avait été promis, lequel est un gage de notre héritage, pour la rédemption de ceux que Dieu s'est acquis, à la louange de sa gloire.
Éphésiens 1:13-14

Et celui qui nous affermit avec vous en Christ, et qui nous a oints, c'est Dieu, lequel nous a aussi marqués d'un sceau et a mis dans nos cœurs les arrhes de l'Esprit.
2 Corinthiens 1:21-22

Pourquoi la communion avec le Saint-Esprit est obligatoire ?

Il nous faut communiquer avec le Saint-Esprit, je vais t'en expliquer la raison.

Au début, ça peut te paraître étonnant, mais il faut le faire, c'est important pour la suite.

Jésus nous a dit :

Je ne vous laisserai pas orphelins, je viendrai à vous (Jean 1:14).

Et moi, je prierai le Père et il vous donnera un autre consolateur […] (Jean 1:16*)*.

Il vous conduira dans toute la vérité et il sera éternellement à tes côtés.

Plus tu vas faire **UN** avec le Saint-Esprit, plus tu vas aspirer aux choses inspirées de l'Esprit sans même t'en rendre compte.

Car tous ceux qui sont conduits par l'Esprit de Dieu sont fils de Dieu. Et vous n'avez point reçu un esprit de servitude, pour être encore dans la craintee-il

mais vous avez reçu un esprit d'adoption, par lequel nous crions : **Abba ! Père !**
Romains 8:14-15

Laissons-nous conduire par le Saint-Esprit **et prenons conscience que les bénédictions abondent dans notre vie, à cause** de ce que Jésus a fait pour nous sur la croix, pour que tout soit accompli.

Parce que tu appartiens à Christ, les bénédictions ci-dessous font partie de ton héritage.

Tu seras béni dans la ville, et tu seras béni dans les champs. Le fruit de tes entrailles, le fruit de ton sol, le fruit de tes troupeaux, les portées de ton gros et de ton menu bétail, toutes ces choses seront bénies. Ta corbeille et ta huche seront bénies. Tu seras béni à ton arrivée, et tu seras béni à ton départ. L'Éternel te

donnera la victoire sur tes ennemis qui s'élèveront contre toi ; ils sortiront contre toi par un seul chemin, et ils s'enfuiront devant toi par sept chemins.
L'Éternel ordonnera à la bénédiction d'être avec toi dans tes greniers et dans toutes tes entreprises. Il te bénira dans le pays que l'Éternel, ton Dieu, te donne.

Notre identité en Christ

Avant de te parler de notre identité commune en Christ, j'aimerais te parler du « TOUT EST ACCOMPLI », car c'est quelque chose de vraiment puissant.

Je m'explique, d'après ce que j'ai vécu moi-même.

Pour cela, lisons ensemble Matthieu 11:28.

Il est écrit :

Venez à moi, vous tous qui êtes fatigués et chargés et je vous donnerai du repos.

Le Seigneur nous dit une chose essentielle à travers ce verset, qui est à retenir et dont il nous faut garder le bon dépôt :

Arrête de combattre avec ta propre force.

J'ai déjà tout accompli pour toi sur la croix de Golgotha.

Décharge-toi sur moi et ne te soucie pas de tes fardeaux.

Tu es plus que victorieux en Christ.

Tu sais, les combats se gagnent dans la prière.

Demande au Seigneur qu'il prenne toute la place dans ton cœur.

Jean-Baptiste nous a aussi donné une clef dans Jean 3:30.

Il a dit ceci :

Il faut qu'il croisse, et que je diminue.

Qu'il en soit ainsi pour toi, que Christ grandisse en toi.

Demande-lui aussi plus d'être encore plus proche de lui.

C'est le Seigneur qui ouvre et ferme le chemin. Vouloir aller à sa rencontre, c'est aller en Christ qui vit en toi et a toujours le regard fixé sur l'agneau de Dieu.

Ne pas oublier qu'il est *le Saint, le Véritable, [...] celui qui ouvre, et personne ne fermera, celui qui ferme, et personne n'ouvrira.*

Apocalypse 3:7-8

D'ailleurs, pour information, « Apocalypse » ne veut pas dire fin du monde, mais révélation ou éclairer. Voici la définition en grec, *apokalupsis* (Strong 602) :

Mettre à nu.

Révélation d'une vérité, instruction.

Concernant les choses inconnues auparavant.

Usage d'événements par lequel les choses ou la nature de certains, jusqu'ici cachées, deviennent visibles de tous.

Manifestation, apparence.

Demande de l'aide au Saint-Esprit par la prière.

Dieu nous dit que tes voies ne sont pas mes voies et tes pensées ne sont pas mes pensées.

La véritable clef à laquelle rien ne résiste, c'est la proximité avec Christ, j'insiste vraiment sur cette intimité avec le Saint-Esprit.

Passe du temps avec le Seigneur, échange avec lui, parle-lui comme à un ami, comme à un père, le Père qu'il est.

Plus tu vas te rapprocher de Christ, plus tu observeras la main de Dieu agir dans ton quotidien.

Cette force en nous nous permet de tout accomplir par celui qui nous fortifie.

[…] le mystère caché de tout temps et dans tous les âges, mais révélé maintenant à ses saints, à qui Dieu a voulu faire connaître quelle est la glorieuse richesse de ce mystère parmi les païens, savoir : Christ en vous, l'espérance de la gloire.

Colossiens 1:26-28

Connais-tu ton identité en Christ ?
Si la réponse est non ! Allons voir dans
1 Pierre 2:7-10 ce que Dieu dit de toi.

Son honneur se montre donc pour vous, qui croyez. Mais, pour les incrédules, la pierre qu'ont rejetée ceux qui bâtissaient est devenue la principale de l'angle, et une pierre d'achoppement et un rocher de scandale ; ils s'y heurtent pour n'avoir pas cru à la parole, et c'est à cela qu'ils sont destinés. Vous, au contraire, vous êtes une race élue, un sacerdoce royal, une nation sainte, un peuple acquis, afin que vous annonciez les vertus de celui qui vous a appelés des ténèbres à son admirable lumière, vous qui autrefois n'étiez pas un peuple, et qui maintenant êtes le peuple de Dieu, vous qui n'aviez pas obtenu miséricorde, et qui maintenant avez obtenu miséricorde.

Nous sommes des étrangers et des voyageurs sur cette terre.

Mais depuis la venue de Christ, se trouve une nouvelle « race » ici-bas.

Toute personne qui accepte le Seigneur Jésus-Christ en tant que Seigneur et Sauveur de sa vie.

Toute personne qui est née de nouveau fait partie intégrante d'une communauté élue en Jésus-Christ, *un sacerdoce royal, une nation sainte, un peuple acquis*, tu appartiens désormais au peuple de Dieu.

Gloire au Père qui nous fortifie grandement en Christ.

Tu es un sacrificateur et un roi, tout cela en même temps, dans le Seigneur Jésus-Christ.

Pourquoi ?

Parce que le Messie est venu selon un rang sacerdotal royal, selon le rang de Melchisédek.

Qui était Melchisédek?

Il était un type de Christ. On parle de lui pour la première fois dans le livre de la Genèse au chapitre 14. Il était sacrificateur du Dieu très haut et roi de justice et de paix. Il n'avait ni père, ni mère et n'avait ni commencement ni fin, mais était assimilé au fils de Dieu.

Lisons ensemble Hébreux 7:1-2-3 :

En effet, ce Melchisédek, roi de Salem, sacrificateur du Dieu Très-Haut, qui alla au-devant d'Abraham lorsqu'il revenait de la défaite des rois, qui le bénit, et à qui Abraham donna la dîme de tout, qui est d'abord roi de justice, d'après la signification de son nom, ensuite roi de Salem, c'est-à-dire roi de paix, qui est sans père, sans mère, sans généalogie, qui n'a ni commencement de jours ni fin de vie, mais qui est rendu semblable au Fils de Dieu, ce Melchisédek demeure sacrificateur à perpétuité.

C'est Dieu le Père qui a dit à Jésus avec serment, tu es sacrificateur pour l'éternité selon l'ordre de Melchisédek.

Et c'est pour cela que le Fils peut sauver entièrement celui qui s'approche de Dieu.

Je dis tout cela pour que tu comprennes que tu n'appartiens à un ordre terrestre, mais céleste.

Hébreux 7:21-25 :

car, tandis que les Lévites sont devenus sacrificateurs sans serment, Jésus l'est devenu avec serment par celui qui lui a dit : Le Seigneur a juré, et il ne se repentira pas : Tu es sacrificateur pour toujours, Selon l'ordre de Melchisédek. Jésus est par cela même le garant d'une alliance plus excellente. De plus, il y a eu des sacrificateurs en grand nombre, parce que la mort les empêchait d'être permanents. Mais lui, parce qu'il demeure éternellement, possède un sacerdoce qui n'est pas transmissible. C'est aussi pour cela qu'il peut sauver parfaitement ceux qui s'approchent de Dieu par lui, étant toujours vivant pour intercéder en leur faveur.

Il y a vraiment beaucoup de choses à dire sur le livre des Hébreux, mais je préfère m'arrêter là pour une meilleure compréhension.

On peut ainsi parler avec assurance et voir les choses s'accomplir dans nos vies.
Je puis tout par celui qui me fortifie.
Philippiens 4:13

Le sang de Christ te rend intouchable

Tu es sorti de l'emprise du diable depuis plus de 2 000 ans.

Depuis que tu as emprunté l'itinéraire, la voie du sang de Jésus-Christ.

Notre héritage en Christ est le suivant :
Ainsi donc, frères, puisque nous avons, au moyen du sang de Jésus, une libre entrée dans le sanctuaire par la route nouvelle et vivante qu'il a inaugurée pour nous au travers du voile, c'est-à-dire, de sa chair [...].
Hébreux 10:19-20

C'est une toute nouvelle route, pour une toute nouvelle vie que Christ a ouverte pour nous par le moyen de son sang sur la croix.

Chemin que nous devons emprunter au moins une fois par jour en communion avec le Saint-Esprit pour nous rendre dans le lieu très saint.

En tant qu'enfant de Dieu, si tu veux grandir, il faut la présence de Dieu dans ta vie, c'est indispensable à ta croissance.

Même Jésus-Christ notre Seigneur se retirait régulièrement pour aller prier dans le lieu très saint.

Nous avons une description de ce lieu dans Hébreux.

Il est écrit :

Mais vous vous êtes approchés de la montagne de Sion, de la cité du Dieu vivant, la Jérusalem céleste, des myriades qui forment le choeur des anges, de l'assemblée des premiers-nés inscrits dans les cieux,

du juge qui est le Dieu de tous, des esprits des justes parvenus à la perfection, de Jésus qui est le médiateur de la nouvelle alliance, et du sang de l'aspersion qui parle mieux que celui d'Abel.
 Hébreux 12:22-24

Sois oint du Saint-Esprit et de force !

VOUS SAVEZ COMMENT DIEU A OINT DU SAINT-ESPRIT ET DE FORCE JÉSUS DE NAZARETH, QUI ALLAIT DE LIEU EN LIEU FAISANT DU BIEN ET GUÉRISSANT TOUS CEUX QUI ÉTAIENT SOUS L'EMPIRE DU DIABLE, CAR DIEU ÉTAIT AVEC LUI.
    Actes 10:38

   C'est tellement important d'être baptisé et revêtu du Saint-Esprit.

Je vous résume un peu mon historique en ce qui concerne mon baptême du Saint-Esprit.

C'était par une journée de juillet 2020, je sentis alors un parfum de fleur de Djibouti, d'où je suis originaire.

Je ne sais pas comment cela s'est manifesté, ou se manifestera, pour toi. Mais pour moi, à chaque fois qu'il va se produire un événement glorieux, il y a toujours une odeur particulière qui le précède, telle qu'un parfum, l'odeur d'une fleur, du pain, et même de vinaigre. Bref, j'étais assis à ma table et la bible était ouverte sur les Actes des Apôtres. J'ai simplement dit à Dieu : « Seigneur, moi, je ne peux rien par ma propre volonté. Remplis-moi, Père, de ta flamme d'invincibilité par le feu et la puissance du Saint-Esprit. Au nom du Seigneur Jésus-Christ. Amen. »

Je n'avais pas fini que d'un coup, je suis parti dans un fou rire.

Je sentais cette plénitude et ce feu du Saint-Esprit qui montait et brûlait en moi. Comme ça ne s'arrêtait pas et que j'avais perdu tout contrôle, j'ai été obligé de m'enfermer dans la salle de bains pendant plusieurs minutes, pour que mon épouse ne s'inquiète pas.

Je pense qu'on ne peut pas réellement expliquer ce qui se passe à ce moment-là, si ce n'est de dire que c'est comme une nouvelle naissance.

Il est vital de vivre le surnaturel de Dieu.

Il faut que ça devienne notre normalité pour nous qui sommes le corps de Christ.

Ensuite, à nous de développer notre relation avec le Consolateur.

Pour ce faire, il suffit d'échanger, de lui demander son avis, même pour des choses ordinaires de la vie courante.

Et tu vas voir des miracles s'accomplir dans ta vie intérieure comme extérieure.

Il faut faire UN avec l'Esprit de Vérité !

Il est écrit :
Le dernier jour, le grand jour de la fête, Jésus, se tenant debout, s'écria : Si quelqu'un a soif, qu'il vienne à moi, et qu'il boive. Celui qui croit en moi,

***des fleuves d'eau vive couleront de son sein**, comme dit l'Écriture. Il dit cela de l'Esprit que devaient recevoir ceux qui croiraient en lui ; car le Saint-Esprit n'avait pas encore été donné, parce que Jésus n'avait pas encore été glorifié.*

Jean 7:37-39

Pourquoi mettre en avant la volonté de notre Père et non la nôtre, te demandes-tu.

Parce que la sienne est parfaite, et non la nôtre.

Finis toujours tes prières ainsi :

« Pas ma volonté, Père, mais que la tienne s'accomplisse ! Amen, au nom de Jésus-Christ. »

Le mystère caché de Dieu depuis la création révélé aux Saints

Quel est ce secret que Dieu tient si bien gardé depuis la création du monde ?

Avant de te le livrer, sache que Dieu ne cache rien. Il annonce toujours les choses à l'avance avant de les mettre à exécution. Pour mieux décoder ses intentions, il faut lire la parole de Dieu.

Car rien dans ce monde n'arrive par hasard, même si l'on essaie de nous faire croire l'inverse à notre époque.

Comme il est écrit dans le livre des Lamentations 3:37 :

Qui dira qu'une chose arrive, Sans que le Seigneur l'ait ordonnée ?

Ou encore dans Proverbes 19:21 :

Il y a dans le cœur de l'homme beaucoup de projets, Mais c'est le dessein de l'Éternel qui s'accomplit.

Ne restons pas dans l'ignorance, Dieu nous a tout révélé à travers sa parole ; notre passé, présent et futur. Il nous appartient de sonder les Écritures avec l'aide du Saint-Esprit, car il est l'auteur de la parole que vous lisez chaque jour.

Ceci étant dit, revenons à notre question de départ, quel est cet immense secret divin ?

C'est d'ailleurs un des plus grands miracles de Dieu depuis la création du monde.

Parcourons la Torah (l'Ancien Testament) et ensuite partons à la découverte de la Nouvelle Alliance (Nouveau Testament).

Deutéronome 30:6 :

L'Éternel, ton Dieu, circoncira ton cœur et le cœur de ta postérité, et tu aimeras l'Éternel, ton Dieu, de tout ton cœur et de toute ton âme, afin que tu vives.

Déjà dans le livre Deutéronome, on devine le plan que Dieu voulait mettre à exécution pour résoudre une bonne fois pour toutes le problème du péché.

Maintenant, ensemble, nous allons faire ensemble un voyage à travers la parole vivante de Dieu.

Dans le livre de Jérémie 32:39, Dieu dit clairement :

Je leur donnerai un même cœur et une même voie, Afin qu'ils me craignent toujours, Pour leur bonheur et celui de leurs enfants après eux.

Si on lit les Psaumes 51:12 voici ce David demande à Dieu :

O Dieu ! crée en moi un cœur pur, Renouvelle en moi un esprit bien disposé.

Et dans le livre d'Ézéchiel 11:19-20, que beaucoup de croyants connaissent, Dieu dit encore sans détour :

Je leur donnerai un même cœur, Et je mettrai en vous un esprit nouveau ; J'ôterai de leur corps le cœur de pierre, Et je leur donnerai un cœur de chair [...].

C'est en ce sens que Jésus déclare aux pharisiens dans Matthieu 15:18-19 :
Mais ce qui sort de la bouche vient du cœur, et c'est ce qui souille l'homme. Car c'est du cœur que viennent les mauvaises pensées, les meurtres, les adultères, les impudicités, les vols, les faux témoignages, les calomnies.

Dans Proverbes 4:23, on nous dit :
Garde ton cœur plus que toute autre chose, Car de lui viennent les sources de la vie.

Le plus grand ennemi de l'homme, c'est son *lebab*, qui est traduit en hébreu par « cœur » ou « esprit » (Strong 3825).

C'est pour cette raison que Jésus annonce clairement à Nicodème, dans le livre de Jean 3:57, que pour être sauvé, il faut naître d'en haut (la nouvelle naissance).

Jésus répondit : En vérité, en vérité, je te le dis, si un homme ne naît d'eau et d'Esprit, il ne peut entrer dans le royaume de Dieu. Ce qui est né de la chair est chair, Et ce qui est né de l'Esprit est Esprit.

Autrement dit, la véritable naissance n'est pas de venir au monde naturellement, comme tout être humain, mais de naître à nouveau. Ne sois donc pas surpris si je t'ai dit : il vous faut renaître d'en haut.

La nouvelle naissance est pour moi un des plus grands miracles de Dieu depuis la création de l'homme. C'est juste incroyable, Jésus-Christ fait réellement de toi une toute nouvelle personne.

Cependant, pour naître de nouveau et pour que notre cœur de pierre soit changé en cœur de chair, il n'y a qu'une seule solution ; reconnaître que l'on ne peut se sauver soi-même, que l'on est né pécheur et que l'on a avant tout besoin d'un sauveur.

Jésus-Christ est venu dans le monde pour cela justement, car lui, et lui seul, nous permet d'accéder au Père si l'on se tourne vers lui.

Et Jésus l'a appris à Thomas dans Jean 14:6 :
Jésus lui dit : Je suis le chemin, la vérité, et la vie. Nul ne vient au Père que par moi.

Même dans le livre d'Ésaïe, qui a vécu environ 700 ans avant la venue de Jésus, dans le chapitre 35:8-9, il est écrit :
Il y aura là un chemin frayé, une route, Qu'on appellera la voie sainte ; Nul impur n'y passera ; elle sera pour eux seuls ; Ceux qui la suivront, même les insensés, ne pourront s'égarer…

Que tu sois d'accord ou pas, ça ne change rien, la réalité est la suivante : sans Jésus-Christ dans ta vie, tu es séparé de Dieu et ton esprit est mort.

Pour preuve, dans Jean 3:17-18
Dieu, en effet, n'a pas envoyé son Fils dans le monde pour qu'il juge le monde, mais pour que le monde soit sauvé par lui. Celui qui croit en lui n'est

point jugé ; mais celui qui ne croit pas est déjà jugé, parce qu'il n'a pas cru au nom du Fils unique de Dieu.

À plusieurs reprises, Jésus nous a dit, je suis dans le Père et le Père est en moi, notamment dans le livre de Jean.

Mais aussi dans l'Épître (la lettre) de Paul aux Corinthiens.

Car Dieu était en Christ, réconciliant le monde avec lui-même, en n'imputant point aux hommes leurs offenses, et il a mis en nous la parole de la réconciliation.

2 Corinthiens 5:19

Et là, nous arrivons au grand secret de Dieu.

Après la nouvelle naissance, Dieu a modifié notre identité, nous n'appartenons plus au monde, car Christ vit en nous.

Il y a eu clairement un changement d'identité dont nous devons prendre conscience. Celui qui nous aide à cette transformation, c'est la personne du Saint-Esprit, c'est lui qui révèle Christ en nous. Aussi, il est important de communier avec Dieu pour prier et le remercier.

C'est pour cette raison que Paul nous parle de ce grand mystère, de ce que Dieu a caché depuis la nuit des temps, **c'est-à-dire Christ en nous.**

[…] en vous faisant connaître le secret de son plan tenu caché depuis toujours, de génération en génération, mais qui s'accomplit de façon manifeste pour ceux qui lui appartiennent. Car Dieu a voulu leur faire connaître quelle est la glorieuse richesse que renferme le secret de son plan pour les non-Juifs. Et voici ce secret : le Christ est en vous, lui en qui se concentre l'espérance de la gloire à venir.

Colossiens 1:26-27 (version Semeur)

La puissance qui règne en un croyant né d'en haut, c'est Christ.

Et il faut que Christ soit révélé en nous – c'est ce que Paul explique dans la lettre à l'Église d'Éphèse. C'est l'intervention du Saint-Esprit qui va le permettre, à condition que nous acceptions la transformation.

Dieu n'y oblige personne, il faut ton consentement.

Si tu lis d'ailleurs la version Semeur, c'est très clair :

En me lisant, vous pouvez vous rendre compte de la compréhension que j'ai de ce secret, qui concerne le Christ. En effet, Dieu ne l'a pas fait connaître aux hommes des générations passées comme il l'a révélé maintenant, par le Saint-Esprit, à ses apôtres, ses prophètes qu'il a consacrés à son service.
Éphésiens 3:4

Et un peu plus loin dans la lettre à l'Église de Colosse, nous sommes invités par Dieu à connaître le mystère de Christ qui renferme les trésors de la sagesse et de la science.

[…] afin qu'ils aient le cœur rempli de consolation, qu'ils soient unis dans la charité, et enrichis d'une pleine intelligence pour connaître le mystère de notre Dieu et Père et de Christ, mystère dans lequel sont cachés tous les trésors de la sagesse et de la science.
Colossiens 2:2-4

Nous ne sommes plus des enfants, mais des fils et filles de Dieu, car Dieu a envoyé l'Esprit de son fils Jésus-Christ, et si nous sommes fils, nous sommes héritiers par la grâce de Dieu.
Lire Galates 4:1-7.

Il nous est dit encore dans Matthieu 6:33 :
Cherchez premièrement le royaume et la justice de Dieu ; et toutes ces choses vous seront données par-dessus.

Dans le chapitre suivant de ce manuel, nous allons voir pourquoi et comment descendre dans le lieu très saint ?

Comment se rendre à la cité du Dieu vivant ?

Pour expérimenter la gloire de Dieu, il faut se rendre régulièrement dans le lieu très saint.

Oui, mais comment faire ?
Il faut entrer en communion avec le Saint-Esprit, c'est le seul moyen de ressentir chaque jour en ce lieu la présence de Dieu.

Regardons maintenant, ensemble, ce qui s'est passé quand Jésus a donné sa vie pour moi et pour toi sur la croix. C'est incroyablement puissant ce que Jésus a fait pour nous.

Il faut savoir que le voile du temple s'est déchiré au moment même où notre Seigneur a rendu l'esprit.

Il est écrit :
Et voici, le voile du temple se déchira en deux, depuis le haut jusqu'en bas ; la terre trembla, les rochers se fendirent.
Matthieu 27:51

Mais Jésus, ayant poussé un grand cri, expira. Et le voile du temple se déchira en deux, depuis le haut jusqu'en bas.
Marc 15:37-38

Il était déjà environ la sixième heure, et il y eut des ténèbres sur toute la terre jusqu'à la neuvième heure. Le soleil s'obscurcit, et le voile du temple se déchira par le milieu. Jésus s'écria d'une voix forte : Père, je remets mon esprit entre tes mains. Et, en disant ces paroles, il expira.

Luc 23:44-46

Ce voile se nomme en grec, *katapetasma*. Il était alors placé dans le temple entre le Lieu saint et le Saint des Saints.

Même dans Ésaïe 25:7, nous retrouvons ce verset :
Et, sur cette montagne, il anéantit le voile qui voile tous les peuples, La couverture qui couvre toutes les nations ;

Le sacerdoce lévitique et tous les sacrifices et les offrandes n'étaient plus nécessaires. Dieu venait de réconcilier le monde avec lui par Jésus-Christ.
    La postérité de la femme (Jésus) venait d'écraser la tête du serpent (Satan) et la puissance de l'ennemi venait d'être anéantie.
    Jésus n'était autre que l'agneau pascal qui ôte le péché du monde.
    Le mur qui séparait les Juifs des païens venait de tomber.
    La croix représente la puissance de Dieu pour nous qui sommes en Christ.

La venue de Jésus-Christ annonce la fin de la Loi, de l'Ancien Testament.

C'est ici que s'achève la première Alliance relative à la loi de Moïse. Finies les ordonnances liées au culte de l'ancienne Alliance qui reposait sur les sacrifices d'animaux au sanctuaire terrestre, à savoir au temple de Jérusalem.

Lire Hébreux 9:1.

Romains 10:4

Jésus-Christ s'est offert une seule fois en tant que sacrifice parfait pour les péchés du monde, pour que les existences de justice de divine soient pleinement satisfaites.

[…] car Christ est la fin de la loi, pour la justification de tous ceux qui croient.

Nous pouvons désormais nous rapprocher avec assurance du trône de gloire par Jésus-Christ notre Seigneur qui a donné sa vie pour nous.

Romains 3:25-26

C'est lui que Dieu a destiné à être une victime propitiatoire pour ceux qui auraient la foi en son sang, afin de montrer sa justice, parce qu'il avait laissé impunis les péchés commis auparavant, au temps de sa patience, afin, dis-je, de montrer sa justice dans le temps présent, de manière à être juste tout en justifiant celui qui a la foi en Jésus.

Nul besoin de passer par un intermédiaire tel qu'un prophète ou un sacrificateur pour joindre votre Père comme du temps de l'Ancienne alliance. Nous avons à présent une ligne directe, Jésus-Christ : le seul médiateur de la Nouvelle Alliance, les annonces de la Bible sont sans appel.

1 Timothée 2:5-6
Car il y a un seul Dieu, et aussi un seul médiateur entre Dieu et les hommes, Jésus-Christ homme, qui s'est donné lui-même en rançon pour tous. C'est là le témoignage rendu en son propre temps [...].

Romains 8:1-4
Il n'y a donc maintenant aucune condamnation pour ceux qui sont en Jésus-Christ, qui marchent, non selon la chair, mais selon l'esprit.

En effet, la loi de l'esprit de vie en Jésus-Christ m'a affranchi de la loi du péché et de la mort. Car – chose impossible à la loi, parce que la chair la rendait sans force – Dieu a condamné le péché dans la chair, en envoyant, à cause *du péché, son propre Fils dans une chair semblable à celle du péché, et cela, afin que la justice de la loi fût accomplie en nous, qui marchons, non selon la chair, mais selon l'esprit.*

Hébreux 10:19-20

Ainsi donc, frères, puisque nous avons, au moyen du sang de Jésus, une libre entrée dans le sanctuaire par la route nouvelle et vivante qu'il a inaugurée pour nous au travers du voile, c'est-à-dire, de sa propre chair [...].

Ainsi, il est vital d'emprunter cette nouvelle voie chaque jour par la prière, pour se rendre dans le lieu très saint. Encore une fois, cette démarche est capitale pour communier avec notre Seigneur Jésus-Christ par le Saint-Esprit.

Et plus tu iras régulièrement dans le Saint des Saints, plus ton intimité avec Dieu va augmenter de manière significative.

Tu vas vivre de plus en plus ce que les gens appellent le surnaturel de Dieu et commencer à opérer comme Jésus-Christ l'a fait sur terre.

N'a-t-il pas dit dans Jean 14:12 :
En vérité, en vérité, je vous le dis, celui qui croit en moi fera aussi les œuvres que je fais, et il en fera de plus grandes, parce que je m'en vais au Père [...].

L'autre question que je me suis posée concerne la nouvelle route que Jésus a ouverte, où va-t-elle donc ?

Tu m'affirmeras dans le lieu très saint. Je te dirai « OK », mais plus précisément ?

Voici ce que je crois, mais, c'est une vision personnelle, j'ai juste sondé les Écritures avec l'aide du Saint-Esprit pour en arriver à cette conclusion.

Je pense que le Saint-Esprit nous emmène à Sion, dans un endroit spécifique.

Car il est écrit dans Hébreux 12:22-24 :
Mais vous vous êtes approchés de la montagne de Sion, de la cité du Dieu vivant, la Jérusalem céleste, des myriades qui forment le chœur des anges, de l'assemblée des premiers-nés inscrits dans les cieux, du juge qui est le Dieu de tous, des esprits des justes parvenus à la perfection, de Jésus qui est le médiateur de la nouvelle alliance, et du sang de l'aspersion qui parle mieux que celui d'Abel.

Ce que Jésus a fait pour nous, mon ami, c'est plus que glorieux en réalité. Il n'y a de mot pour définir ce qu'il a enduré pour le monde et l'infinie grandeur de son amour.

Pour que tout ce que je viens de dire dans ce chapitre soit possible pour nous qui sommes en Christ, il fallait que l'ancien temple soit détruit et que le Seigneur le reconstruise en trois jours. Il parlait là du corps de Christ.
.
N'est-ce pas ce qu'il a déclaré dans Jean 2:19 ?
Jésus leur répondit : Détruisez ce temple, et en trois jours je le relèverai.

Il fallait aussi attendre que le Seigneur ressuscite pour qu'il entre dans sa gloire, et ce fut aussi chose accomplie ; comme il est écrit ci-dessous :

Résurrection de Jésus

Matthieu 16-21
Dès lors Jésus commença à déclarer à ses disciples, qu'il fallait qu'il allât à Jérusalem, et qu'il y souffrît beaucoup de la part des anciens, des principaux sacrificateurs, et des scribes ; qu'il fût mis à mort, et qu'il ressuscitât le troisième jour.

Luc 9-22
Il ajouta qu'il fallait que le Fils de l'homme souffrît beaucoup, qu'il fût rejeté par les anciens, par les principaux sacrificateurs et par les scribes, qu'il fût mis à mort, et qu'il ressuscitât le troisième jour.
Jésus-Christ est rentré dans sa gloire

Jésus-Christ est rentré dans sa gloire

Matthieu 28:18-20

Jésus, s'étant approché, leur parla ainsi : Tout pouvoir m'a été donné dans le ciel et sur la terre. Allez, faites de toutes les nations des disciples, les baptisant au nom du Père, du Fils et du Saint-Esprit, et enseignez-leur à observer tout ce que je vous ai prescrit. Et voici, je suis avec vous tous les jours, jusqu'à la fin du monde. Amen !

Actes 2:32-33

C'est ce Jésus que Dieu a ressuscité ; nous en sommes tous témoins. Élevé par la droite de Dieu, il a reçu du Père le Saint-Esprit qui avait été promis, et il l'a répandu, comme vous le voyez et l'entendez.

Après ça, vous pouvez vous dire, OK, c'est top, mais je fais comment pour me rendre à la cité du Dieu vivant, la Jérusalem céleste ?

Pour simplifier les choses, ainsi que pour une meilleure compréhension, j'ai récapitulé les éléments dans le petit tableau ci-dessous, à mettre en application.

Les combats se gagnent d'abord dans la prière, alors va, enferme-toi dans le lieu secret dont Jésus parle dans Matthieu 6:6.

Celui qui demeure sous l'abri du Très-Haut
Repose à l'ombre du Tout-Puissant.
   Psaumes 91:1

Commence toujours tes prières en louant et glorifiant le Seigneur, c'est important, tu ne vas pas à la rencontre de n'importe qui, mais devant le Roi des rois et Seigneur des seigneurs, Jésus-Christ.

Modèle de prières que tu dois t'approprier !

Commence à parler au Saint-Esprit et demande-lui qu'il te conduise à prier pour tomber amoureux de Jésus-Christ. La dévotion pour Dieu, c'est la clef.

Aie plus de proximité avec le Seigneur.

Aie un cœur selon Dieu.

Ne pas simplement lire et méditer l'Évangile, mais le vivre.

Demande un enracinement profond en Christ comme il est enraciné en toi.

Sollicite une communion de plus en plus profonde avec le Saint-Esprit.

Demande à diminuer et que Christ augmente.

Prie pour qu'aucune barrière en toi ne résiste afin que le Saint-Esprit puisse commencer à y opérer des transformations.

Parle à ton âme, c'est important, rappelle-lui qu'elle appartient à Christ. Tu ne vis plus en chair et en os, mais en Christ.

Demande que Jésus-Christ enracine en toi tour à tour la hauteur, la profondeur, la largeur, puis la longueur de son amour.

Demande régulièrement au Seigneur Jésus qu'il te sonde et qu'il déracine et ôte de ton cœur la peur, le doute, la culpabilité, l'amertume et toute espèce de méchantes choses. Et qu'il y sème à la place ce que lui a prévu pour toi.

Prie pour obtenir la paix de Christ, l'amour de Christ et la force de pardonner, d'aimer ton prochain.

Parle et prie en langue le plus souvent possible. (Explication est dans 1 Corinthiens 12)

Demande à recevoir un esprit de révélation, de sagesse et d'intelligence, le don de la foi, le don de la prophétie, le don des miracles, le don de guérison, le don du discernement des esprits, la connaissance de la parole, le zèle de l'Évangile.

Prie pour qu'il t'aide à lâcher prise.

Demande qu'il t'aide à marcher, penser, vivre par son Esprit, car il est la vie.

Espère, pour que le Seigneur renouvèle ton intelligence.

Apprends à devenir plus humble, à pardonner et aimer ton prochain.

Vis une vie de sanctification et de prospérité.

Espère, pour que l'Esprit de L'Éternel repose sur toi.

Ainsi que l'Esprit de sagesse et d'intelligence.

Mais aussi l'Esprit de conseil et de force.

Et enfin, l'Esprit de connaissance et de crainte de l'Éternel.

Prie pour être plus intime avec le Saint-Esprit, et devenir comme Abraham, l'ami de Dieu.

Demande que l'onction du Saint-Esprit coule sur ta tête et dans ta vie.

Espère, pour que la paix de Christ, son amour, et sa grâce te remplissent.

Prie pour que le Seigneur te devance dans toutes tes voies.

Prends conscience de ta nouvelle identité en Christ. Le vouloir et le faire, c'est Dieu qui le produit en nous.

N'oublie pas que c'est l'Esprit qui vivifie, la chair ne sert à rien !

Espère, pour que le Seigneur tienne ta main, et pas l'inverse.

Prie pour qu'il te garde toujours près de son cœur.

Demande-lui de te faire ressentir son amour.

Remercie-le d'avoir pris ta place sur la croix.

Répète-lui, Seigneur, je t'offre toute ma vie.

Remercie le Père de t'avoir donné un cœur qui comprend, écoute et obéisse.

Prends l'habitude de dire bonjour chaque jour au Saint-Esprit.

Demande-lui que la face de YHWH luise sur toi.

Dis au Seigneur que tu ne te laisses pas aller là où il ne veut pas que tu ailles.

> Remercie le Seigneur de te perfectionner, de t'affermir, de te fortifier et de te rendre inébranlable en Christ.
>
> Confie-lui que tu veux expérimenter et connaître l'amour de Christ, qui surpasse toute connaissance.

Pour clore cette belle parenthèse, voici un petit rappel d'Ésaïe 54:1-17, expliquant que l'on doit s'approprier **l'héritage des serviteurs de l'Éternel**.

Réjouis-toi, stérile, toi qui n'enfantes plus !
Fais éclater ton allégresse et ta joie, toi qui n'as plus de douleurs *!*
Car les fils de la délaissée seront plus nombreux Que les fils de celle qui est mariée, dit l'Éternel.
Élargis l'espace de ta tente ;
Qu'on déploie les couvertures de ta demeure :
Ne retiens pas !
Allonge tes cordages,
Et affermis tes pieux !

Car tu te répandras à droite et à gauche ;
Ta postérité envahira des nations,
Et peuplera des villes désertes. **Ne crains pas, car tu ne seras point confondue ;**
Ne rougis pas, car tu ne seras pas déshonorée ;
Mais tu oublieras la honte de ta jeunesse,
Et tu ne te souviendras plus de l'opprobre de ton veuvage.
Car ton créateur est ton époux :
L'Éternel des armées est son nom ;
Et ton rédempteur est le Saint d'Israël :Il se nomme Dieu de toute la terre ;
Car l'Éternel te rappelle comme une femme délaissée et au cœur attristé,
Comme une épouse de la jeunesse, qui a été répudiée, dit ton Dieu.
Quelques instants je t'avais abandonnée,
Mais avec une grande affection je t'accueillerai ;
Dans un accès de colère, je t'avais un moment dérobé ma face,
Mais avec un amour éternel j'aurai compassion de toi,
Dit ton rédempteur, l'Éternel.
Il en sera pour moi comme des eaux de Noé :

J'avais juré que les eaux de Noé ne se répandraient plus sur la terre ;
    Je jure de même de ne plus m'irriter contre toi
    Et de ne plus te menacer.
    Quand les montagnes s'éloigneraient,
    Quand les collines chancelleraient,
    Mon amour ne s'éloignera point de toi,
    Et mon alliance de paix ne chancellera point,
    Dit l'Éternel, qui a compassion de toi.
Malheureuse, battue de la tempête, et que nul ne console !
    Voici, je garnirai tes pierres d'antimoine,
    Et je te donnerai des fondements de saphir ;
    Je ferai tes créneaux de rubis,
    Tes portes d'escarboucles,
    Et toute ton enceinte de pierres précieuses.
    Tous tes fils seront disciples de l'Éternel,
    Et grande sera la prospérité de tes fils.
    Tu seras affermie par la justice ;
    Bannis l'inquiétude, car tu n'as rien à craindre,
    Et la frayeur, car elle n'approchera pas de toi.
    Si l'on forme des complots, cela ne viendra pas de moi ;

Quiconque se liguera contre toi tombera sous ton pouvoir.

Voici, j'ai créé l'ouvrier qui souffle le charbon au feu,

Et qui fabrique une arme par son travail ;
Mais j'ai créé aussi le destructeur pour la briser.
Toute arme forgée contre toi sera sans effet ;
Et toute langue qui s'élèvera en justice contre toi,
Tu la condamneras.
Tel est l'héritage des serviteurs de l'Éternel,
Tel est le salut qui leur viendra de moi,
Dit l'Éternel.

Ma rencontre avec Jésus-Christ

Ma première rencontre avec Jésus de Nazareth en 2019 a vraiment bouleversé ma vie, et cela continue…

Je ne peux pas vous parler de tout, sinon ce serait trop long.
Mais je vais plutôt vous parler de ce que j'ai vécu lors de la nouvelle naissance en Christ.

Je suis originaire d'un pays africain ou plus de 80 % de la population est de confession musulmane.

Mais ça, c'est une autre histoire que je raconterai plus tard.

Le plus important est de vivre une expérience avec Dieu, un peu comme je l'ai vécue.

Un jour, je suis tombé sur une vidéo dans laquelle des gens priaient dans la rue et guérissaient les malades au nom de Jésus.

Comme j'avais très mal aux dents ce jour-là et que j'allais régulièrement chez le dentiste depuis plusieurs années. J'ai juste demandé à Jésus, en toute simplicité, de me guérir.

D'ailleurs, je ne savais pas pourquoi je le faisais.
La douleur alors intense est partie d'un coup.
J'étais vraiment choqué tellement la guérison avait été rapide.

Quelques jours après cet épisode, j'ai eu la visite du Seigneur dans la nuit. Et le lendemain matin, j'ai vécu dans ma cuisine ce qu'on appelle la nouvelle naissance.

La Bible en parle dans Jean 3.

On m'a toujours dit quand j'étais petit, qu'un garçon, ça ne pleurait pas.

Mais là, je peux te dire que j'ai passé ma journée à pleurer et à demander pardon à Dieu, car j'étais pécheur.

Je n'ai jamais ressenti un tel amour et une telle paix de toute mon existence. C'est comme si le ciel s'était ouvert au-dessus de moi pour la première fois de ma vie. Comme si un voile s'était déchiré.

Je ne sais pas comment expliquer cette sensation, je pense qu'il faut le vivre pour le savoir.

Quelques jours plus tard, j'étais libéré de pas mal d'addictions telles que l'alcool, le trading, les soirées mondaines, etc.

J'ai compris par révélation que le Père, le Fils et le Saint-Esprit ne font qu'un. Comme toi, tu es corps, âme et esprit, pourtant tu es un.

Étant donné que je ne connaissais pas de croyants nés de nouveau, je n'avais qu'une seule option : communiquer directement avec le Seigneur.

Je lui ai alors demandé, simplement, que je puisse entendre sa voix.

C'est lui qui m'a guidé pour l'achat d'une bible, pour le choix d'une église, pour mon baptême dans l'eau, il a même choisi la date et le lieu.

Quelques semaines se sont écoulées, et j'étais baptisé du Saint-Esprit, comme dans les Actes, chapitre 2.

Bref, le plus important, c'est de vivre cette expérience toi-même avec le Seigneur, c'est la clef de tout.
Ensuite, développe une relation avec le Seigneur, échange avec le Saint-Esprit, c'est très important.
Il faut que tu pries pour être le plus proche possible du Christ, pour qu'il prenne la première place dans ta vie.

Si quelqu'un est en Christ, il est une nouvelle créature. Les choses anciennes sont passées ; voici, toutes choses sont devenues nouvelles.
2 Corinthiens 5:17

Jésus, s'étant approché, leur parla ainsi :

Tout pouvoir m'a été donné dans le ciel et sur la terre.
Matthieu 28:18

Il est écrit :
Jésus lui répondit : Quiconque boit de cette eau aura encore soif ; mais celui qui boira de l'eau que je lui donnerai n'aura jamais soif, et l'eau que je lui donnerai deviendra en lui une source d'eau qui jaillira jusque dans la vie éternelle.
Jean 4:13-14

J'ai une question pour toi.
Est-ce que tu veux que les anges de Dieu viennent camper à ta porte ?
Si ta réponse est « OUI ! », voici une autre clef très puissante :
Demande dans tes prières, avec l'aide du Saint-Esprit, à tomber **amoureux** de Jésus-Christ.
Je te garantis que tu vas vivre des percées spectaculaires dans ta vie chrétienne.

Car quiconque demande reçoit, celui qui cherche trouve, et l'on ouvre à celui qui frappe.
Matthieu 7:8

Comme il est écrit :
Ne savez-vous pas que votre corps est le temple du Saint-Esprit qui est en vous, que vous avez reçu de Dieu, et que vous ne vous appartenez point à vous-mêmes ?
1 Corinthiens 6:19

Bref, je ne suis pas allé chez le dentiste depuis ma rencontre avec celui qui est, qui était et qui vient.

Que l'amour de Dieu, la grâce de Jésus-Christ et la communion avec le Saint-Esprit soient ton pain quotidien.

Sois abondamment béni au nom du Seigneur Jésus-Christ. Amen.

Conclusion

Il faut se rendre très régulièrement dans le Saint des Saints par la route nouvelle et vivante que Dieu a créée pour nous au travers de Jésus.

C'est indispensable pour notre croissance spirituelle, c'est même vital.

Dieu est saint et ce qu'il veut, c'est notre sanctification.

1 Thessaloniciens 4:3
Ce que Dieu veut, c'est votre sanctification ; C'est que vous vous absteniez de l'impudicité [...].

Je regarde souvent Jésus et me suis un jour posé cette question :

Pourquoi s'isolait-il à chaque fois qu'il en avait l'occasion ?

La réponse est évidente, n'est-ce pas ?

Pour se rendre dans la présence du Père.

Jésus-Christ nous a beaucoup parlé du Saint-Esprit dans Jean 15:16, Matthieu 10 :19-20, Actes 1, pour ne citer que ces chapitres.

Même notre Seigneur lorsqu'il sortit du Jourdain était rempli du Saint-Esprit dans Luc 4.

Le Saint-Esprit est présent partout dans les Actes, dans les épîtres de Paul, dans Jean…

J'irai même plus loin, la Bible commence dans le livre de la Genèse chapitre 1 avec le Saint-Esprit :

[…] et l'Esprit de Dieu se mouvait au-dessus des eaux).

Sa présence est partout jusqu'à la fin, notamment dans le livre de l'Apocalypse, dans le dernier chapitre, 22:17 :

Et l'Esprit et l'épouse disent : Viens. Et que celui qui entend dise : Viens. Et que celui qui a soif vienne ; que celui qui veut prenne de l'eau de la vie, gratuitement.

Il nous faut accorder une importance capitale à notre communion avec la personne du Saint-Esprit, car sans lui, nous ne pouvons demeurer dans le Seigneur et dans son amour, pour porter du fruit, afin que le Père soit glorifié.

Se trouver dans la présence de notre Père va nous transformer, c'est systématique.

Quand la parole nous dit :

[...] marchez selon l'Esprit et vous n'accomplirez pas les plaisirs de chair.

Galates 5:16

Eh bien, cela va devenir une réalité.

Tu vas voir la main de Dieu agir de plus en plus souvent dans ta vie.

Tu vas aspirer de plus en plus aux choses d'en haut, et c'est normal.

À la lecture de la parole de Dieu, tout te semblera différent.

Même ta façon de prier va s'en trouvée impactée.

Tu vas vivre des expériences avec Dieu que tu seras incapable d'expliquer avec des mots.

La présence de Dieu va tellement te transformer que ça se verra à l'extérieur.
De plus en plus, tu vas prendre conscience de ta nouvelle identité en Christ.
Il faut se laisser métamorphoser par le Saint-Esprit, c'est la clef pour marcher dans la victoire en Christ.

Comme dit le frère Paul dans 1 Corinthiens 2:9 :

Mais, comme il est écrit, ce sont des choses que l'œil n'a point vues, que l'oreille n'a point entendues, et qui ne sont point montées au cœur de l'homme, des choses que Dieu a préparées pour ceux qui l'aiment.

Que la grâce du Seigneur Jésus-Christ, l'amour de Dieu, et la communion avec le Saint-Esprit soient avec vous tous !

Mais ceux qui se confient en l'Éternel renouvellent leur force.
Ils prennent leur vol comme des aigles ;
Ils courent, et ne se lassent point,
Ils marchent et ne se fatiguent point.
Ésaïe 40:31

Prions ensemble

Voici la volonté de Dieu pour ta vie et la mienne !

Toutes les puissances qui me maintiennent en bas, à une place qui n'est pas la mienne,
Soyez brisées maintenant au nom de Jésus !

Toutes les limitations qui m'ont été transmises par mes ancêtres et mes prédécesseurs,
Soyez brisées maintenant au nom de Jésus !

Quel que soit ce que le malin aurait utilisé pour me connecter à ces peurs-là,
Soyez brisées maintenant au nom de Jésus !

La volonté de Dieu est que nous soyons la tête, et non la queue.
Voilà la volonté de Dieu.
Chaînes de stagnation, de déception, d'affliction, de maladie, de pathologie, d'échec professionnel, de revers, de pauvreté financière,
Soyez brisées maintenant au nom de Jésus !

Seigneur Jésus, fais de moi ton canal,
Ton canal de fidélité.

Seigneur Jésus, fais de moi ton canal,
Ton canal d'amour.

Seigneur Jésus, fais de moi ton canal,
Ton canal de sainteté et de droiture.
Seigneur Jésus, fais de moi ton canal,
Ton canal d'obéissance.
Seigneur Jésus, fais de moi ton canal,

Ton canal de lumière resplendissante.

Amen ! au nom de Jésus-Christ !

Le savais-tu ?

Le retour de Christ : les preuves

Jean 14:2

Il y a plusieurs demeures dans la maison de mon Père. Si cela n'était pas, je vous l'aurais dit. Je vais vous préparer une place.

Jean 14:3

Et, lorsque je m'en serai allé, et que je vous aurai préparé une place, je reviendrai, et je vous prendrai avec moi, afin que là où je suis vous y soyez aussi. 4 Vous savez où je vais, et vous en savez le chemin.

Hébreux 9:28

[...] de même Christ, qui s'est offert une seule fois pour porter les péchés de plusieurs, apparaîtra sans péché une seconde fois à ceux qui l'attendent pour leur salut.

Actes 1:11

[...] et dirent: Hommes Galiléens, pourquoi vous arrêtez-vous à regarder au ciel? Ce Jésus, qui a été enlevé au ciel du milieu de vous, viendra de la même manière que vous l'avez vu allant au ciel.

L'enlèvement de l'Église de Christ

1 Thessaloniciens 4:15-17

Voici, en effet, ce que nous vous déclarons d'après la parole du Seigneur : nous les vivants, restés pour l'avènement du Seigneur, nous ne devancerons pas ceux qui sont morts. Car le Seigneur lui-même, à un signal donné, à la voix d'un archange, et au son de la trompette de Dieu, descendra du ciel, et les morts en Christ ressusciteront premièrement. Ensuite, nous les vivants, qui serons restés, nous serons tous ensemble enlevés avec eux sur des nuées, à la rencontre du Seigneur dans les airs, et ainsi nous serons toujours avec le Seigneur.

Comment s'entretenir ?

Éphésiens 5:18-21

Ne vous enivrez pas de vin : c'est de la débauche. Soyez, au contraire, remplis de l'Esprit ; entretenez-vous par des psaumes, par des hymnes, et par des cantiques spirituels, chantant et célébrant de tout votre cœur les louanges du Seigneur ; rendez continuellement grâces pour toutes choses à Dieu le Père, au nom de notre Seigneur Jésus-Christ, vous soumettant les uns aux autres dans la crainte de Christ.

1 Thessaloniciens 5:23-24

Que le Dieu de paix vous sanctifie lui-même tout entiers, et que tout votre être, l'esprit, l'âme et le corps, soit conservé irrépréhensible, lors de l'avènement de notre Seigneur Jésus-Christ ! ***Celui qui vous a appelés est fidèle, et c'est lui qui le fera.***

Remerciements

Merci à toi Saint-Esprit qui m'a encouragé et inspiré à écrire ce livre.

Merci pour ton onction dans ma vie.

Merci à tous ceux qui se sont procurés ce premier livre.

Merci à l'apôtre Marcel Kouamenan pour mes premiers pas dans le Seigneur ainsi que tous mes frères et sœurs en Christ des églises de Besançon.

Que toute la gloire revienne au Seigneur pour l'inspiration, pour la connaissance et le discernement de sa parole dans ce manuel.

Que Dieu vous bénisse abondamment !

ME CONTACTER

ELIE KASSIM

Besançon (France)

eliekassim1969@gmail.com

FAIRE UN AVEC L'ESPRIT DE VÉRITÉ !

Comment se rendre à la cité du Dieu vivant ?